Engelhorn Bücherei

Kleine Geschichten aus dem Weihnachtsland

Das silberne Erzgebirge und seine Festbräuche

Gesammelt und herausgegeben von Ulrich Frank-Planitz

Engelhorn Verlag
Stuttgart

Zur Erinnerung an meine Mutter

Inhalt

Das Erzgebirge ist das größte und geschlossenste Volkskunstgebiet Deutschlands.

Vorwort

Vor dem Zweiten Weltkrieg waren sie außerhalb Sachsens nahezu unbekannt. Heute sieht man sie auf vielen Weihnachtsmärkten von Berlin bis Zürich, von Wien bis Köln: Nußknacker und Räuchermännchen, Lichterengel und Bergleute aus dem silbernen Erzgebirge, dem Weihnachtswunderland an der sächsisch-böhmischen Grenze.

Im Thüringer Wald, im Vogtland, in der Oberlausitz, vor allem aber im Erzgebirge hat sich ein weihnachtliches Brauchtum entwickelt, das über diese Landschaften im Süden der früheren DDR hinausstrahlt. Schon vor dem Kriege waren Dresdner Christstollen, erzgebirgische Spielwaren, thüringischer Baumschmuck und das Lied »Morgen, Kinder, wird's was geben« des Lausitzer Schulmeisters Karl Gottlieb Hering weit verbreitet. Inzwischen findet man selbst die erzgebirgischen Weihnachtsfiguren beinahe überall, gilt das Erzgebirge als das deutsche Weihnachtsland schlechthin.

Das Leuchterpaar Engel und Bergmann, das zu den besonders charakteristischen Weihnachtsfiguren gehört, illustriert den Ursprung dieser Volkskunst, den Bergbau, auf den der seit Mitte des 18. Jahrhunderts gebräuchliche Name des Gebirges zurückgeht. Der Bergbau begann hier im 12. Jahrhundert, als bei Freiberg das erste Silber gefunden wurde. Später sind auch Blei, Nickel, Kupfer, Eisenerz und Wismut, nach 1945 für die sowjetische Besatzungsmacht in großem Stil Uranpechblende abgebaut worden, in der Madame Curie und ihr Mann 1898 die Elemente Polonium und Radium entdeckt hatten (diese Pechblende stammte freilich von der böhmischen Seite des Gebirges, aus St. Joachimsthal, nach dessen alten Silbermünzen Taler und Dollar heißen). Die früh hochentwickelte Montanindustrie des Erzgebirges begründete den einstigen Wohlstand des Landes und erlaubte es seinen Kurfürsten, die polnische Königskrone zu erwerben und so lange zu behaupten, bis Preußens Gloria Sachsens Glanz endgültig verdunkelt hatte.

Als der Niedergang des Silberbergbaus einsetzte, wurde die vor allem im westlichen Erzgebirge um das barocke Städtchen Schneeberg als Feierabendbeschäftigung gepflegte Holzschnitzerei für künstlerisch begabte Bergleute zum Nebenerwerb. Während die Männer schnitzten, klöppelten ihre Frauen Spitzen, die von der ehedem reichen Berg- und Handelsstadt Annaberg aus bis nach Amerika vertrieben wurden. Später kam in der waldreichen Gegend die Drechselei auf, die aus den Dörfern rund um den obererzgebirgischen Bergflecken Seiffen ein wahres Spielzeugpara-

dies gemacht hat, aus dem auch die ebenso originellen wie schönen Weihnachtsfiguren kommen.

Von diesem Weihnachts- und Spielzeugparadies, seinen Bewohnern, der zuerst vom Uranbergbau, jetzt vom Waldsterben entstellten Landschaft und von der Geschichte des silbernen Erzgebirges wird in diesem kleinen Band erzählt. Für manche werden die Beiträge die Erinnerung an die alte Heimat und die eigene Kindheit beleben. Für viele können sie Aufschluß über die Herkunft von Eltern und Großeltern geben; für andere wiederum dürften sie die erste Begegnung mit einer fremden Welt sein. Zwar liegt das deutsche Weihnachtsland geographisch in der Mitte Europas, aber es war nach dem Zweiten Weltkrieg fast ein halbes Jahrhundert lang nicht nur psychologisch, sondern oft auch zeitlich von Nürnberg weiter entfernt als die Kanarischen Inseln.

UFP

Morgen, Kinder, wird's was geben

Morgen, Kinder, wird's was geben,
morgen werden wir uns freun,
welch ein Jubel, welch ein Leben
wird in unserm Hause sein,
einmal werden wir noch wach,
heißa, dann ist Weihnachtstag!

Wie wird dann die Stube glänzen
von der großen Lichterzahl,
schöner als bei frohen Tänzen
ein geputzter Kronensaal.
Wißt ihr noch, wie vorges Jahr
es am heilgen Abend war?

Wißt ihr noch mein Räderpferdchen,
Malchens nette Schäferin,
Jettchens Küche mit dem Herdchen
und dem blankgeputzten Zinn?
Heinrich's bunten Harlekin
mit der gelben Violin?

Welch' ein schöner Tag ist morgen!
Neue Freuden hoffen wir.
Unsre guten Eltern sorgen
lange, lange schon dafür.
O gewiß, wer sie nicht ehrt,
ist der ganzen Lust nicht wert!

Karl Gottlieb Hering

Das West-Erzgebirge

Täler und Wälder, grün ausgebreitet, Ruhebank und Reh, die Beerenfrau und der Waldgänger mit Pfeife und Kiepe auf dem Rücken: Das Bild, eine tüchtige Malerarbeit, kippte dem Zehnjährigen von der Wand der Empfangshalle des Chemnitzer Hauptbahnhofes entgegen. Aus einer Kleinstadt im sächsischen Flachland zogen wir in die Industriestadt, Chemnitz hieß noch Chemnitz, und über dem Bild stand: Das Tor zum silbernen Erzgebirge.

Eine Jugend lang lag es nun tatsächlich vor der Tür, das Erzgebirge – Ziel jeder zweiten Wanderung, fast jeden Ausflugs. Schon unmittelbar hinter der Stadt stieg die Straße in steilen Serpentinen bergan. Zieh die Mütze über die Ohren, sagte die Mutter, wenn wir die Höhe erreichten, hier pfeift der Wind anders. Bei der Besenschänke, einem Straßengasthof eine gute Stunde weiter, wo der Wald dichter wurde, versperrte eine Schranke die Straße, passierbar nur mit Genehmigung, denn im Gebirge schürfte die Wismut, eine sowjetische Gesellschaft, nach Uran. Genehmigungen gab es nicht, aber die Schranke war auf Nebenwegen zu umgehen. Über die Zustände im Bergbaugebiet waren wilde Geschichten im Umlauf, und mit banger Neugierde sahen wir die frischen Abraumkegel, die hinter den alten Bergstädten Geyer und Ehrenfriedersdorf in die Landschaft wuchsen.

Was war es noch, was wurde es? Geschichten und Geschichte vor allem, zu Bilderbögen verkürzt: der Miriquidi am Anfang riesiger Urwald, der einst das ganze Gebirge überzog, nur in den Flußtälern von den Siedlern bezwungen; das große Berggeschrei im späten Mittelalter, ausgelöst von Silberfunden, das über Jahrzehnte hin das Gebirge erschütterte, neue Bergstädte zu den alten aus dem Boden stampfte und dem Erzgebirge den Namen gab; dann, mit dem Versiegen des Bergbaus,

Die Wetterwarte
auf dem Fichtelberg

Kleineisenindustrie, Spielzeug, vor allem Textilindustrie – in jedem Dorf mindestens eine Strumpfbude –, das typische Gewerbe karger, fleißiger Gegenden. Dazu ein paar Figuren: Barbara Uttmann in Annaberg, die das Spitzenklöppeln einführte, Adam Riese, der Rechenmeister, ebendort, der Stülpner Karl natürlich, Wildschütz und Arme-Leute-Freund, Legendenheld und Halb-Rebell. Nahebei, in Hohenstein-Ernstthal, war Karl May geboren.

Übermächtig aber wurde das Gebirge zur Weihnachtszeit. Da kam es herab in jede Stube mit seinem Aufmarsch von holzgeschnitzten Engeln und Bergleuten, mit dem bläulichen Rauch der Räuchermänner und sanft von der Wärme des Kerzenlichts bewegten Pyramiden, Schwibbogen und Spinnen-Leuchtern. Da glich dann das ganze Gebirge einem Weihnachtsberg, jenen Miniaturlandschaften aus Reisig und Moos, die die Gebirgler in einer Ecke ihrer Wohnzimmer aufstellen. Gut zwanzig Verse hatte das Heilig-Abend-Lied, keiner konnte sie ganz: An diesem Tag zumindest mühten wir unsere sächsischen Zungen an dem vokalreichen, dem Oberpfälzischen nahen Dialekt des Gebirges – »Heit is der heilge Ohmd, ihr Mad/kummt rei, mer gießen Blei…«–, obwohl wir sonst, im störrischen Alter, kaum bereit waren, ins erzgebirgische Nationallied vom »Vugelbeerbaam« einzustimmen.

Später zogen wir mit Fahrrad und Geologenhämmerchen hinter einem eifrigen Lehrer durchs Gebirge, murmelten den Lernvers: »Feldspat, Quarz und Glimmer – die vergeß' ich nimmer« und ärgerten uns, wenn uns der Lehrer dank seines Gewichtes auf den kurvenreichen Abfahrten in die eingeschnittenen Täler von Flöha und Mulde hinter sich ließ. Wir hatten wenig Sinn für landschaftliche Schönheiten und viel sportlichen Ehrgeiz. Zwischen Annaberg und Wolkenstein, Thum und Marienberg übten wir auf den noch nicht vom Verkehr heimgesuchten Straßen Mannschaftsfahren und Ausreißversuche. Hinter Zschopau, der Heimatstadt des DKW, ging »die Post ab«, Sieger war, wer zuerst das Stadtschild erreicht hatte, auf dem jetzt Karl-Marx-Stadt stand. Winters lockte Oberwie-

senthal. Unterhalb des Fichtelbergs, mit 1214 m der höchste Berg der DDR, trat sich an den Wochenenden die halbe Republik gegenseitig auf die Skier, während sich gegenüber, auf der tschechischen Seite, keine Spur in den Schnee grub. Aber am Grenzbach wachte die Grenzpolizei. So blieb unser Sinn für Politisches wach.

Im Westen hielt die schwäbische Wirtin

den Räuchermann, den das Weihnachtspaket gebracht hatte, zuerst für einen Rauchverzehrer und denunzierte, als der zu qualmen begann, erzprotestantisch als katholischen Weihrauch, was doch lieber heimischer Geruch war. Wundert es, daß das Bild von der Bahnhofswand mehr und mehr Recht bekam, nicht nur zur Weihnachtszeit? Auf der ersten Reise zurück, fällig Mitte der sechziger Jahre, zeigte sich freilich, daß das Erlebnis von Alpen und Schwarzwald das Erzgebirge nicht unberührt gelassen hatte. Das Gebirgige, das der Fahrradfahrer früher in den Knien gespürt hatte, trat nun zurück. Statt dessen drängte sich das Karge, Weitausschwingende, Übersichtliche der Landschaft vor das flache schwimmende Grün der langsam zum Kamm hin sich aufrichtenden Hochfläche, die ausgedehnten zartblauen Horizonte, die sie umgeben, die auf- und abwandernden Waldstücke, die sie besetzen, und das trockene Schieferblau der Dächer der endlosen Reihendörfer in den eingekerbten Tälern dazwischen. Das war es nun, blieb es, war es wohl eigentlich von jeher gewesen: eine Landschaft aus Grün und

Schieferblau, Emsigkeit und einer gewissen gedrückten Zurückhaltung, Wachheit und Gemüt, Weite und Unmerkbarkeit der Übergänge und dem üppigeren Aufspringen in Tälern, plötzlichen Ausblicken und an den Abhängen der Basaltkegel, die da und dort aufragen.

Was eigentlich soll am Erzgebirge nun so besonders sein, fragte letzthin ein Freund, der das Erzgebirge immer und dafür Alpen und Schwarzwald nie hat. Ja, was eigentlich? Darauf gibt es am Ende nur sentimentale Antworten, also gar keine. Am Ende behält das Bild im seinerzeitigen Chemnitzer Hauptbahnhof in seiner ganzen idyllischen Beschränktheit recht. Aber das gibt es ohnedies nur noch im Kopf von Leuten, die einmal zehnjährig mit aufgerissenen Augen zu ihm hochgestarrt haben. Es hat einer Reklame für ich weiß nicht was Platz gemacht. Und was Feldspat, Quarz und Glimmer eigentlich ergeben, weiß ich auch nicht mehr. Aber der Merkvers geht mir noch immer im Kopf herum. *(1974)*

Hermann Rudolph

Die Republik Schwarzenberg

Die Republik Schwarzenberg ist nicht mehr auffindbar. Selbst das Gebiet, das einst zu ihr gehörte, ist aufgeteilt worden. Fast scheint es, als hätten gewisse Personen ein Interesse daran gehabt, alles Gedenken an sie auszulöschen, so als wäre diese Republik, geleitet von wohlmeinenden und ehrlichen Leuten, keiner von ihnen hat sich in jenen Hungertagen auch nur um eine Krume Brot bereichert, etwas Schlimmes gewesen, eine Art Krankheit, eine Pestbeule, die man ausbrennt. Sie ist, wie soll man sagen, ein Nicht-Ereignis geworden; kein Wort über sie wird laut im Schulunterricht; und versuchen Sie einmal, an die Archive heranzukommen, die, durch die Zeit damals bedingt, sowieso nur Dürftiges enthalten.

Ich kann mich auch täuschen, wenn ich hinter dieser Verdrängung eines Stücks Geschichte eine Absicht vermute, welche, das liegt in der Natur der Dinge, eine politische gewesen sein müßte. Vielleicht waren die Gründe für die bald nach ihrer Besetzung erfolgte administrative Umstrukturierung der Republik und die Unterschlagung sogar des Namens Schwarzenberg durch die Neubezeichnung ihres Territoriums als Landkreis Aue auch wirklich nur verwaltungstechnischer Art, und die spätere Aufspaltung selbst dieser Verwaltungseinheit in die nunmehr viel kleineren Kreise Aue, Johanngeorgenstadt, Schwarzenberg und Schneeberg mag einfach

damit zu erklären sein, daß durch eine solche Neueinteilung anstelle eines einzigen Behördenapparats ihrer vier entstehen konnten, die nun das Vierfache an Funktionärsstellen boten, mit zugehörigen Gehältern und Privilegien und zugehörigem Leerlauf.

Im übrigen haben auch diese neugeschaffenen Behörden heute kaum irgendwelche Bedeutung, weil das ganze Gebiet dem Herrschaftsbereich der Wismut zugeschlagen wurde, die wie ein Staat im Staate ist, einschließlich eigener Sicherheitsorgane, und sogar einen eigenen Parteibezirk bildet, und die, nach außenhin eine Aktiengesellschaft mit

Weihnachtsmarkt in Schwarzenberg

fünfzig Prozent ihrer Aktien in Sowjethand, von einem sowjetischen Generaldirektor geleitet wird.

Sie wissen ja, was hinter der Firmenbezeichnung Wismut sich verbirgt: Uran, Kernenergie, die Bombe. Wenn ich mir vorstelle, wie anders die Geschichte der Republik vielleicht verlaufen wäre, hätten die Amerikaner gewußt, was da unter schwarzenbergischem Boden lagerte! Dabei hätten sie es wissen können, denn waren die Bergleute, die in früheren Zeiten in dieser Gegend nach Silber und Zinn gruben, nicht immer wieder auf Pechblende gestoßen, und waren die radioaktiven Quellen im Umkreis nicht ein bedenkenswerter Hinweis?

Aber wie der Sergeant Whistler, der unter Lieutenant Lambert bei der amerikanischen Militärregierung in dem unserer Republik benachbarten Städtchen Auerbach seinen Dienst versah, während eines kleinen Beutezugs durch Schwarzenberger Photogeschäfte beiläufig vernehmen ließ, läuft das militärische Denken zumeist nur in einer Richtung, die noch dazu häufig die falsche ist. Heute beißen sich die Amerikaner in den Bauch, denn das Material für die erste Atombombe, die unsere sowjetischen Freunde zündeten, kam aus dem Territorium der Republik Schwarzenberg, und diese, im Besitz solcher Bodenschätze, hätte trotz ihres geringen Umfangs ein finanziell gesundes, wenn nicht gar wohlhabendes Staatswesen werden können, hätte man sie nicht eines Tages okkupiert und der Ostzone, wie sie damals hieß, einverleibt.

Zur Zeit ihres Endes gehörten zum Gebiet der Republik der ehemalige Landkreis Schwarzenberg und die kreisfreie Stadt Aue; kreisfrei hieß, daß diese Stadt, wir sprechen von der Periode vor Mai 1945, verwaltungsgemäß nicht dem Landrat in Schwarzenberg unterstand, sondern direkt der sächsischen Landesregierung in Dresden und, politisch, dem Gauleiter Mutschmann.

Nun werden Sie fragen, wie die Republik Schwarzenberg überhaupt entstanden ist. Geplant war ihre Gründung nicht, soviel ist sicher. Es konnte damals von irgendwelchem Planen auch gar nicht die Rede sein; die Menschen handelten in einer Art von Schock, und nur ganz wenige, wie etwa Max Wolfram oder Erhard Reinsiepe, dachten über den nächsten Tag hinaus. Dazu kam, daß in diesem Teil des Landes noch völlig unklar war, wer kommen und das Dorf oder die Stadt besetzen würde, die Russen oder die Amerikaner; die Mehrzahl der Leute, das war sogar unter den Fremdarbeitern und erst recht bei den Flüchtlingen spürbar, hoffte, es möchten die Amerikaner sein, weil diese aus einem bekanntlich sehr reichen Lande kamen und daher größere Vorräte mit sich führen würden, an die sich eventuell herankommen ließe, während die Russen, ebenso arm wie unzivilisiert und ungezügelt, und dazu rachsüchtig, die geringen Werte, die einem geblieben waren, plündern, die Weiber vergewaltigen und Gott weiß was noch für Schandtaten begehen würden.

An die Möglichkeit, daß gar kein Besatzer einrücken könnte, dachte niemand.

Stefan Heym

Das Ost-Erzgebirge

Jede der großen sächsischen Städte von Dresden westwärts über Freiberg, Chemnitz bis Zwickau hat südwärts ein Gebirge vor der Tür: das Erzgebirge, das auf rund 120 Kilometer Länge die Grenze Sachsens zur Tschechoslowakei, zum »Böhmischen« hin begleitet. Dresdens Anteil, das Ost-Erzgebirge, ist, wie es der alten Residenz gebührt, ein bißchen »feiner« als jener der stärker oder vielmehr sichtbarer industriellen Städte weiter westlich; vielleicht kommt es auch nur dem so vor, der in der Jugend von Dresden aus zahlreiche Wege eben in jenen zum landschaftlichen Vorgarten Dresdens gehörenden Teil des Erzgebirges fand. Auf die Gefahr des Protestes der West-Erzgebirger hin: Im östlichen Teil ist die Natur unberührter, während sich im

Westen, nach dem Vogtland zu, die für Sachsen typische Kleinindustrie mit rußgeschwärzten Schornsteinen und nüchternen Fabrikgebäuden stärker ins Land gefressen hat.

Von Dresden aus fährt man über Bannewitz, Possendorf und gewinnt bei der Kreisstadt Dippoldiswalde Anschluß an das Tal der roten Weißeritz, dem dann über Obercarsdorf, Schmiedeberg und Kipsdorf zu folgen ist. Die Straße, heute von bombastischen Schildern »Transit Praha« begleitet, führt weiter nach Altenberg, von dort nach Zinnwald, wo gleich hinter dem berühmten (Goethe war dort) Gasthof »Sächsischer Reiter«, heute im Zustand des Verfalls, die scharf bewehrte Grenze zur Tschechoslowakei verläuft.

Der andere Hauptweg von Dresden aus verläuft östlich davon, im Tal der Müglitz. Dort gibt es auch, bis Altenberg, eine Normalspurbahn, die Anfang 1939 eine Kleinbahn ersetzte. Die neue Bahn wurde im nationalsozialistischen Deutschland wohl aus strategischen Gründen erbaut, bleibt aber eine der reizvollsten Gebirgsbahnen in Deutschland. Im Tal der Roten Weißeritz pufft noch heute

eine Kleinbahn mit so gedrungenen, hochschornsteinigen Tenderlokomotiven, wie sie in der Bundesrepublik auf manchen Kinderspielplätzen eine etwas unwürdige Altersexistenz führen dürfen. Im Erzgebirge stehen sie noch mitten im Leben, zeigen mit aufgeregtem Bimmeln an, wenn einer der zahlreichen Straßenübergänge in Sicht ist. Hinter der Lokomotive rollen Wagen mit offenen Perrons, die zur Sommerzeit dem Reisenden angenehme Kühle spenden, was mit Kohlestaub bezahlt werden muß.

Das Müglitztal ist um einiges lieblicher als das der Weißeritz, und es ist zugleich tiefer eingeschnitten. Das Erzgebirge steigt sehr allmählich an, der Kammlage entgegen. Die prominenten Erhebungen, darunter der Geising bei Altenberg (824 m), der Kahlenberg (905 m), der Sattelberg, schon drüben im Böhmischen, (725 m), sind rasch aufgezählt. Sie gehören zu dieser Landschaft, aber das Erzgebirge ist nicht die Summe seiner Berge. Da dehnen sich, wie auf einer Luftaufnahme hingebreitet, weite Felder, Wiesen, Waldstücke, dörfliche Streusiedlungen. Da gibt es die winterliche Landschaft der strengen, winddurchpeitschten Kammlage Zinnwalds, da sind die sich unter dem Wind südwärts neigenden Bäume, die herbstlich im hellen Rot der Vogelbeeren leuchten. Im Winter verleihen Nebel und schneidende Kälte ihnen den Schmuck des Rauhreifs, der in einer fahlen Sonne erglänzt. Da sind die sanften Wiesen mit ihren Margeriten und »Pusteblumen«, mit dem lila blühenden Klee und den zierlichen Gebirgs-Stiefmütterchen, darüber das Summen der Bienen, und von fernher vernimmt man das Rauschen der Wälder im stetigen Wind. Da sind die Lichtungen im Wald, die von unkrautartig wucherndem Fingerhut bedeckt sind. Da gibt es Dörfer, deren Häuser verstreut liegen über weite Hänge, und solche, in denen sich die Häuser zusammendrängen in einem Tal, in dem die Zeit stillzustehen scheint. Gelegentlich wird noch heute, im sozialistischen Musterland, ein Ehrenmal für Gefallene des Ersten Weltkrieges in einem kleinen Blumengarten schüchtern gepflegt.

Eine Idylle? Wie immer nur für den, der vorübergeht. Das Leben der Bauern dort ist immer hart gewesen. Davon erzählen die zahllosen kleinen Steinwälle, aus denen Vogelbeerbüsche wuchern, die die Felder und Wiesen voneinander trennen. Diese Wälle, die die Landschaft so schön gliedern, sind entstanden aus jahrhundertelangem Absammeln der Steine, die der Pflug jedes Frühjahr wieder aus den Feldern herausbricht. Der Name »Erz«-Gebirge verrät das schwere Gewerbe, in dem seine Bewohner den Ertrag der kargen Landwirtschaft ergänzten. »Daß in den höchsten Gebieten selbst der Hafer nicht fortkommt und nur noch die Kartoffel gedeiht, freilich oft auch durch Spätfröste oder frühen Winter leidet«, heißt es in einer alten Beschreibung. Silber, Wolfram und Zinn wurden oder werden abgebaut, wobei die autarkiebesessenen Regime wie das Dritte Reich oder jetzt die DDR die geringen Erträge, die sich aus den bescheidenen Vorkommen erwirtschaften lassen, in Kauf nehmen. Holzwirtschaft und – dies allerdings mehr im westlichen Teil – Schnitzerei und Weberei spielen eine Rolle

Christmette in Schellerhau.

und natürlich, seit der Jahrhundertwende, der Fremdenverkehr, den für das Erzgebirge erfunden zu haben die DDR vorgibt.

Ganz so kann es freilich nicht sein, schon deshalb, weil seit Anfang des letzten Weltkrieges kaum gebaut worden ist im östlichen Teil des Erzgebirges. Wenn man auf der »Transitstraße« Dresden hinter sich gelassen hat, fühlt man sich wie dreißig Jahre zurückversetzt. Die Chaussee-Bäume sind höher geworden, mancher Wald dafür abgeholzt, von den Häusern manche ein wenig verfallener als früher. Die schrille Dissonanz der neuen Begegnung zu den eigenen Erinnerungsbildern, die man noch in Dresden erlebte, schwindet, macht einem Gefühl des Wiedererkennens, des Sichzurückfindens Platz. Dieses Gefühl wäre trügerisch, wollte man aus ihm die Bestätigung ableiten, daß hier noch eine Idylle bewahrt sei. Bewahrt geblieben ist die Unberührtheit einer Landschaft, in die, herrschten die Gesetze des »Westens«, sich längst die zerstörenden Krebszellen der »Ballungszentren« hineingefressen hätten. *(1972)*

Friedrich Karl Fromme

Vom sächsischen Bergbau zur erzgebirgischen Volkskunst

In der vorindustriellen Zeit lebte die Masse der Bevölkerung auf dem Lande und fand ihr Auskommen in der Landwirtschaft. Noch um das Jahr 1800 waren dies in Deutschland etwa vier Fünftel der Bevölkerung. Im Erzgebirge wie auch in einigen anderen Regionen Deutschlands herrschten allerdings andere Verhältnisse dank der Bodenschätze, die dort gefunden, abgebaut, aufbereitet und teilweise auch verarbeitet wurden. Die nichtbäuerliche Bevölkerung war deswegen hier schon in früheren Zeiten stärker vertreten als anderswo.

Selbstverständlich hat sich auch im Erzgebirge eine bäuerlich-ländliche Volkskunst entwickelt, haben sich die auf dem Lande lebenden Menschen bemüht, die Gegenstände ihres Wohn- und Lebensbereiches durch kunstvolle

Bemalungen und Verzierungen zu verschönern oder durch begabte Handwerker verschönern zu lassen – die Möbel zum Beispiel oder die Buttermodeln. Da aber das wirtschaftliche und gesellschaftliche Leben weithin vom Bergbau bestimmt wurde, kamen starke Impulse für das volkskünstlerische Schaffen aus dem Bergmannsstand, wodurch das Erzgebirge sogar zum größten geschlossenen Volkskunstgebiet in Deutschland heranwachsen konnte.

Das sächsisch-böhmische Grenzgebirge trat relativ spät in die Geschichte ein. Das an diesen Gebirgszug nach Norden anschließende sächsische Hügelland und gar die fruchtbare Leipziger Ebene waren früh besiedelte Gebiete, wo um die Zeitwende germanische Stämme siedelten, denen im Zuge der Völkerwanderung slawische Stämme folgten. Alle diese Völkerschaften mieden jedoch dieses mit dichten und unwirtlichen Wäldern bestandene Gebirge. Man nannte es damals Miriquidi, den finsteren Wald.

Erst im Zuge der deutschen Ostkolonisation wurde das Gebirge von deutschen Siedlern, die vornehmlich aus Thüringen und Franken kamen, erschlossen und kultiviert. Noch heute zeugen davon die in fränkischer Bauweise angelegten Gehöfte. Diese bäuerliche Besiedlung und Erschließung des Gebirges begann um die Mitte des 12. Jahrhunderts. In sie schob sich an bestimmten Orten die bergmännische Besiedlung ein. Ihr fehlte das planmäßige und geordnete Vorgehen der bäuerlichen Landnahme. Zudem erstreckte sie sich über Jahrhunderte und war mehr oder weniger dem Zufall überlassen. Sie begann immer dann, wenn an einer Stelle ertragversprechende Erzlager gefunden wurden.

Silber hegen seine Berge

Die Erzvorkommen verdankt dieses Gebirge besonderen Umständen bei den Faltungs- und Schrumpfungsvorgängen im Zuge der Oberflächenbildung unserer Erde. Es bildeten sich Risse und Spalten. Aus dem glutflüssigen Magma des Erdinnern stiegen Metalldämpfe auf, die sich beim Erkalten in den entstehenden Hohlräumen als Erzgänge niederschlu-

Profil-Querschnitt der Silbergrube Elisabeth in Freiberg.

gen. So entstanden abbauwürdige Silber-, Zinn-, Zink-, Blei-, Nickel-, Kobalt-, Wolfram-, Wismut- und Eisenerzlager. Erstmals wurden diese Erzlager bekannt, als im Jahre 1168 in Christiansdorf in der Nähe der später dort entstandenen Bergstadt Freiberg Silberadern entdeckt wurden. Nachdem sich die Funde als höchst ertragreich erwiesen hatten, strömten viele am Bergbau interessierte Menschen, insbesondere Bergleute aus dem Harz, in das bis dahin kaum besiedelte Gebirge. Bis ins 15. Jahrhundert war Freiberg die bedeutendste Silberfundstätte Deutschlands.

Der schwäbische Dichter Justinus Kerner weist auf den Silberreichtum Sachsens zu jener Zeit in seinem Lied »Preisend mit viel schönen Reden« hin. In der zweiten Strophe dieses Liedes beschreibt der Fürst von Sachsen sein Land mit den Worten: »Silber hegen seine Berge wohl in manchem tiefen Schacht«. Die reichen Silberfunde bei Freiberg wurden erst im Jahre 1466 durch den Silberfund auf dem Schneeberg und im Jahre 1492 durch den Silberfund auf dem Schreckenberg bei Annaberg übertroffen. Auch an anderen Orten wurde Silber gefunden – beispielsweise in Marienberg, Johanngeorgenstadt und St. Joachimsthal auf der böhmischen Seite des Gebirges. Im 15. und 16. Jahrhundert war die Silberausbeute besonders groß. Das gesamte Land Sachsen profitierte davon. In jener Zeit war es eines der reichsten deutschen Länder.

Die große Zeit des erzgebirgischen Bergbaues dokumentiert sich auch in den Kunstwerken, die damals im Auftrage der reichen Bergstädte geschaffen wurden. Der religiösen Einstellung der Menschen entsprechend handelte es sich vornehmlich um sakrale Kunstwerke. Der Freiberger Dom mit seiner Goldenen Pforte und die beiden großen spätgotischen Hallenkirchen St. Annen zu Annaberg und St. Wolfgang zu Schneeberg sind steingewordene Zeugnisse für das künstlerische

Niveau der Architektur jener Zeit. Aber auch zur Ausschmückung ihrer Kirchen konnten sich die Bergstädte Werke bekannter Künstler leisten – die berühmte Triumphkreuzgruppe im Freiberger Dom zum Beispiel, den Altar von Lukas Cranach d. Ä. in der Schneeberger St. Wolfgangskirche, dem größten evangelischen Gotteshaus Sachsens, oder den prächtigen sechsflügeligen Schnitzaltar von Hans Witten in der Nikolaikirche der reichen Zinnstadt Ehrenfriedersdorf.

Münzen aus erzgebirgischem Silber.

Die Gläubigkeit des von steten Gefahren bedrohten Bergmannes und die sich daraus ergebende enge kirchliche Bindung ließen ihn selbst zum Gegenstand sakraler künstlerischer Darstellungen werden. In den beiden berühmten Kanzeln des Freiberger Doms sind bergmännische Vorstellungen eingearbeitet. Die Bergmannskanzel wird von einem Bergmann getragen. Am Fuße der künstlerisch einzigartigen Tulpenkanzel ist die Legende von Daniel, der einem Bergmann das Erz unterm Schatzbaum zeigt, dargestellt. Der Bergaltar von Hans Hesse in der St. Annenkirche zu Annaberg zeigt den Abbau, die Verhüttung und die Verarbeitung des Erzes in künstlerisch einmaliger Weise.

Das »Berggeschrei« verstummte bald

Das Edelmetall Silber wurde allerdings nur an wenigen Stellen gefunden. Um so zahlreicher waren die Fundstellen anderer Erze. Die meisten erzgebirgischen Bergstädte konnten freilich keinen allzu großen wirtschaftlichen Nutzen aus ihrem Bergbau ziehen. Nur wenige hatten Anteil an dem großen »Berggeschrei«, das im 15. Jahrhundert vom Erzgebirge aus durch Deutschland und darüber hinaus erscholl. Die Blüte des sächsischen Silberbergbaues ging zudem nach relativ kurzer

Der Obersteiger mit dem Berg=Insigni.

Zeit zu Ende; denn die Erzvorkommen hatten sich überraschend schnell erschöpft. Die anfänglich so groß erscheinenden Silbervorkommen bei Annaberg und Schneeberg waren nach etwa einem Jahrhundert fast völlig abgebaut. Im großen und ganzen erlosch der sächsische Bergbau im Laufe des 17. und 18. Jahrhunderts. Neben der allmählichen Erschöpfung der Lagerstätten trug auch der rapide Preisverfall beim Silber und bei anderen

Knappschaftsältester

Erzen infolge billiger außereuropäischer Angebote dazu bei. Der Abbau und vor allem die aufwendige Suche nach abbauwürdigen Lagerstätten waren unrentabel geworden.

Freiberg war der einzige Ort im Erzgebirge, an dem der Silberbergbau noch eine Zeitlang fortgesetzt werden konnte. Verbesserte Abbaumethoden ermöglichten dies. Im Jahre 1913 wurde aber auch hier die letzte Schicht gefahren. In geringem Umfang konnte sich der Bergbau an bestimmten Orten bis heute halten, so zum Beispiel der Abbau von Blei und Zink bei Brand-Erbisdorf und der Abbau von Zinn bei Altenberg und Ehrenfriedersdorf. Nach 1945 gewann der Abbau von Uranerzen im West-Erzgebirge größere Bedeutung. Inzwischen ist auch er entweder erloschen oder stark zurückgegangen.

Das industrialisierte Gebirge

Trotz seiner nur verhältnismäßig kurzen Blütezeit hat der Bergbau das Erzgebirge nachhaltig geprägt. Er gab ihm nicht nur den Namen, sondern wirkte sich auch siedlungsbildend und verhaltensformend aus. Er brachte eine große Zahl von Menschen aus den verschiedensten deutschen Landschaften und Stämmen ins Erzgebirge und ließ sie mit der schon ansässig gewordenen bäuerlichen Bevölkerung zu einem neuen Stamm zusammenwachsen. Das an und für sich landwirtschaftlich arme Gebiet bekam eine hohe Besiedlungsdichte mit relativ vielen kleinen Städten. Nach wie vor ist die Bevölkerung betont bergmännisch eingestellt. Das kommt in den Sitten und Gebräuchen, in den Liedern und Laienspielen und nicht zuletzt auch in der Volkskunst zum Ausdruck. Der alte, hier zuerst aufgekommene Bergmannsgruß *Glück-*

auf ist heute noch allgemein verbreitet. Selbst die fern ihrer Heimat lebenden Erzgebirger verwenden ihn gerne.

Mit dem Niedergang des erzgebirgischen Bergbaues zerbrach die wirtschaftliche Grundlage dieses dichtbesiedelten Gebietes. Schwere wirtschaftliche Belastungen, Not und Armut waren die unausweichliche Folge. Doch der Bergmann mitsamt seiner Familie ist hart und genügsam. Unter dem Druck der schwierigen Verhältnisse bewies er, daß er in der Lage war, sich umzustellen, um auf andere Weise seine Existenz zu sichern. An

und für sich war dies für den erzgebirgischen Bergmann nicht neu. Schon früher war es immer wieder einmal zu schweren Absatzkrisen gekommen, die den Abbau bestimmter Erze in Frage stellten. Die Bergleute und auch alle anderen Beschäftigten, die von diesem Wirtschaftszweig lebten, mußten sich dann notgedrungen nach neuen Verdienstmöglichkeiten umsehen. Der erzgebirgische Bergmann war im Laufe der Zeit anpassungsfähig geworden, weshalb es beim Erlöschen des Bergbaues auch nicht zu einer allgemeinen wirtschaftlichen Stagnation kam.

Tatkräftige und wagemutige Unternehmer konnten neue Erwerbszweige aufbauen. Mit der Heranbildung einer breiten Schicht erfahrener und leistungsfähiger Arbeiter und Handwerker hatte der Bergbau letzten Endes die notwendigen Voraussetzungen dafür geschaffen. So konnte im Erzgebirge – wie auch in den angrenzenden Gebieten Sachsens – schon sehr früh eine zunächst handwerklich und manufakturell ausgerichtete Güterproduktion und im 19. Jahrhundert eine leistungsfähige Industrie aufgebaut werden.

Wie in anderen waldreichen Mittelgebirgen wurde das Holz in zahlreichen Säge- und Papiermühlen verarbeitet und später auch zur Pappen- und Zellstoff-Fabrikation benutzt. Aus den Poch- und Hammerwerken, den Schmiede- und Schmelzhütten der Erzverarbeitung entwickelte sich eine leistungsfähige metallverarbeitende Industrie. Von besonderer Bedeutung wurde daneben die Textilindustrie mit Schwerpunkten in der Wäsche- und Strumpffabrikation, aber auch die Schuhindustrie und die feinmechanische Industrie.

Der Bergmann als Künstler

Begleitet wurde diese Entwicklung – und das ist typisch für das Erzgebirge – von der Entstehung eines weitverbreiteten volkskünstlerischen Schaffens. Hier sind insbesondere drei Richtungen zu nennen: das Schnitzen, das Klöppeln und die Spielzeugherstellung. Sie alle haben ihre Wurzeln im Bergbau. Volkskunst setzt ein gewisses Maß an Talent, aber auch handwerkliche Fertigkeit, gestalterisches Einfühlungsvermögen und schöpferische

Intelligenz voraus. Abgesehen vom angeborenen künstlerischen Talent sind die übrigen Eigenschaften in gewisser Weise bereits im Bergbau gefragt gewesen. Schon in früheren Zeiten stellten die Berg- und Hüttenwerke hochtechnisierte Einrichtungen dar. Die Erstellung, der Einsatz und die Instandhaltung dieser Werke erforderten ein hohes technisches Verständnis und technische Fertigkeiten. Immer wieder mußte darüber nachgedacht werden, wie die verschiedenen Vorrichtungen verbessert werden konnten, um die Arbeit zu erleichtern und mögliche Gefahren abzuwenden.

Vom rein technisch-gestalterischen Gesichtspunkt aus liefert also der Bergmannsberuf gute Voraussetzungen für das volkskünstlerische Schaffen. Das allein genügt freilich nicht, um Menschen dafür zu mobilisieren.

Volkskunst hat nicht nur eine technische, sondern auch eine emotionale Seite. Wenn das Werk auf den Betrachter, Käufer oder Benutzer wirken soll, dann muß sein Schöpfer auch mit dem Herzen dabei sein. Der Betrachter sollte etwas spüren von der Liebe, mit der er ans Werk gegangen ist. Die Bergleute und ihre Frauen haben sich als Schnitzer, Klöpplerinnen und Spielzeughersteller zwar nicht von Anfang an als Volkskünstler gefühlt, sondern sich von dieser Tätigkeit in erster Linie eine Verbesserung ihres Einkommens versprochen. Aber sie verbanden ihre Freude an Farben und Formen, ihre Vorliebe für das Schöne mit der harten Notwendigkeit der Existenzsicherung. Nur so ist ihr Erfolg zu erklären.

Schnitzen und Basteln

Das Schnitzen und Basteln hat sich als volkskünstlerische Richtung speziell im westlichen Teil des Erzgebirges um Schneeberg entwikkelt. Von vornherein war dies eine Feierabend- und Freizeitbeschäftigung und ist es bis heute geblieben. Angefangen hat es damit, daß begabte Bergleute ihre Arbeitsstätte in Holz nachbildeten. Man baute diese Modellbergwerke aber nicht nur für sich selbst, sondern auch zur Schaustellung, um damit das karge Einkommen aufzubessern. Invalid gewordene Bergleute zogen mit diesen kleinen technischen Kunstwerken auf dem Rücken – man nannte sie deshalb Buckelbergwerke – auf Messen und Märkte, um sie dort gegen einen Obolus vorzuführen. Daraus entwikkelte sich allmählich die Figurenschnitzerei.

So wie der Bergmann die Symbolfigur des Erzgebirges geblieben ist, so steht er dort auch heute noch im Mittelpunkt des Schnitzens und Bastelns. Auch frühere Nutzgegenstände aus dem Bergbau wie der Schwibbogen wurden zu künstlerisch gestalteten Lichtträgern. Den Höhepunkt stellen zweifellos die Weihnachtspyramiden und die Weihnachtsberge dar. Die enge Verbundenheit des Erzgebirgers mit seiner Heimat findet bei der Gestaltung der Weihnachtsberge ihren Ausdruck, indem die Geburt Christi in heimatliche Gefilde ver-

legt wird. Aus dem Stall wird dann eine Bergwerkskaue, aus der Heiligen Familie ein Bergmanns-Ehepaar und aus den Königen und Hirten werden Bergleute. Selbstverständlich wird die Weihnachtsgeschichte auch im originären orientalischen Stil dargestellt.

Um das Schnitzen und Basteln zu fördern, bildeten sich gegen Ende des vorigen Jahrhunderts Schnitzergemeinschaften. Der erste dieser Schnitzervereine entstand im Jahre 1879 in der Bergstadt Lößnitz. Es ist bezeichnend, daß dieser Lößnitzer Schnitzerverein »Bergverein« genannt wurde. Auch die Vereinsorgane trugen bergmännische Bezeichnungen. Der erste Vorsitzende wurde als Bergverwalter, der zweite als Obersteiger bezeichnet. Die einfachen Mitglieder hießen Steiger. Der Kassierer war der Schichtmeister, der Schriftführer der Schichtschreiber. Das Vereinslokal hieß Huthaus. In diesem Schnitzerverein wurde also bewußt die Bergbau-Tradition gepflegt.

Im Lößnitzer Schnitzerverein legte man

Wert auf Gemeinschaftsarbeiten. Weithin bekannt wurde der achtzehn Meter lange orientalische Berg, der das Leben Jesu zeigte. 1923 wurde er im Rahmen der Ausstellung »Sport und Spiel« in Dresden einer breiten Öffentlichkeit vorgeführt. Leider ist dieses große Gemeinschaftswerk im Jahre 1965 einem Brand zum Opfer gefallen. Eine rührige Schnitzergemeinschaft führt die Arbeit des traditionsreichen Lößnitzer Bergvereins bis in die heutige Zeit fort. Auch an anderen Orten bestanden und bestehen solche Gemeinschaften, die zur Erhaltung und Förderung der alten bergmännisch begründeten Volkskunst beitragen wollen.

Barbara Uttmann läßt klöppeln

Eine zweite, für das Erzgebirge typische Volkskunst ist das Spitzenklöppeln. Es wurde allerdings nicht im Erzgebirge entwickelt, sondern aus den Niederlanden übernommen. Als um die Mitte des 16. Jahrhunderts infolge einer Krise im Bergbau große Not in den Familien der Bergleute herrschte, wurde das

Spitzenklöppeln als eine Möglichkeit des Ausweichens auf andere Verdienstmöglichkeiten erkannt. Barbara Uttmann, die Frau eines Annaberger Bergherrn, setzte sich tatkräftig für die Einführung dieses Gewerbezweiges ein. Innerhalb weniger Jahrzehnte breitete sich das Spitzenklöppeln über das gesamte mittlere und westliche Erzgebirge aus. Es waren vornehmlich Frauen, die dieses Gewerbe in Heimarbeit ausübten. In Notzeiten oder saisonbedingten Wirtschaftsflauten klöppelten auch erwerbslose Bergleute und arbeitslose Männer aus anderen Berufen mit. Im 18. und 19. Jahrhundert lebten im Erzgebirge, je nach Auftragslage, zwischen 20000 und 40000 Menschen vom Spitzenklöppeln. Etwa dieselbe Anzahl klöppelte im Nebenerwerb oder für den eigenen Bedarf. Noch zur Zeit unserer Groß- und Urgroßeltern gab es fast in jeder erzgebirgischen Familie einen Klöppelsack.

Das Klöppeln erfordert nicht nur eine gute Handfertigkeit, sondern auch eine gewisse schöpferische Begabung und gestalterisches Einfühlungsvermögen beim Ersinnen der Muster und bei der Umsetzung der Muster in

Spitzen. Trotz der gewerbemäßigen Herstellung blieb die Spitzenklöppelei auf Grund dieser Ausgangslage ein Zweig der Volkskunst.

Immer wieder wurde der überkommene Bestand an Musterbriefen von den Klöpplerinnen und den Klöpplern durch neue Formen ergänzt und erweitert. Selbst die später aufgekommene Spitzenindustrie konnte das Handklöppeln nicht völlig verdrängen. Noch heute ist die »Handspitze« ein begehrter, wenn auch teurer Artikel.

Inzwischen wird das Spitzenklöppeln im Erzgebirge fast nur noch als Freizeitbeschäftigung betrieben. Eine Klöppelschule in Schneeberg ist bemüht, diesen Zweig der erzgebirgischen Volkskunst zu erhalten. Sogar im Westen Deutschlands ist das Spitzenklöppeln inzwischen eine Freizeitbeschäftigung geworden. Im oberfränkischen Nordhalben, unmittelbar an der bayerisch-thüringischen Grenze, besteht eine Klöppelschule. Der Deutsche Klöppelverband, der seinen Sitz ebenfalls in Nordhalben hat, bemüht sich, diese Volkskunst in Westdeutschland weiter zu fördern.

Drechsler und Spielzeugmacher

Die dritte Richtung der erzgebirgischen Volkskunst ist die Spielzeugherstellung. Sie entstand im Ost-Erzgebirge und hat sich im Laufe der Zeit zu einem bedeutenden und weltbekannten Gewerbezweig weiterentwikkelt. Die erzgebirgische Spielzeugherstellung ist aus der Holzverarbeitung hervorgegangen. Der eigentliche Anstoß zu ihrer Entstehung kam aber aus dem Bergbau. Schon nach dem Dreißigjährigen Krieg hatte sich neben der Landwirtschaft und dem Bergbau im waldreichen Ost-Erzgebirge die Holzverarbeitung zu einem beachtlichen Gewerbe entwickelt. Zunächst wurden Gebrauchsgegenstände wie Teller, Spanschachteln und Kisten gefertigt, im geringen Umfang auch Spielzeugsachen

wie Trommeln, Pfeifen und Trompeten. Erst unter dem Zwang der Verhältnisse erfolgte der Durchbruch zur Spielzeugherstellung im großen Stil, vor allem im Bergflecken Seiffen, einst einem bedeutenden Abbauort von Zinn. In der zweiten Hälfte des 18. Jahrhunderts kam der Abbau von Zinnerz völlig zum Erliegen. Die nicht mehr benötigten Pochwerke wurden nun zum Antrieb von Drechselbänken verwendet und die arbeitslos gewordenen Bergleute zu Drechslern und Spielzeugmachern umgeschult.

Während man zunächst nur die schon vorhandene Herstellung von Haushaltsartikeln verstärkt betrieben hatte, rückte allmählich die Spielzeugproduktion in den Vordergrund. Zu ihrer sprunghaften Ausweitung kam es, als zu Beginn des vorigen Jahrhunderts die Technik des Reifendrehens erfunden und zur Herstellung von Holzfiguren eingesetzt wurde. Diese Verfahrenstechnik wurde im Ost-Erzgebirge entwickelt und ist für die dortige Spielzeugherstellung charakteristisch. Im Laufe des 19. Jahrhunderts wurde durch konsequente Arbeitsteilung rationalisiert. Einzelne Herstellerfamilien, oft sogar ganze Ortschaften, spezialisierten sich auf die Produktion bestimmter Artikel. Die Einzelartikel wurden erst bei den Verlegern zu Spielzeugsortimenten zusammengestellt und in Spanschachteln verpackt. Als »Erzgebirgische Schachtelware« waren sie an allen bedeutenden Spielzeugmärkten des In- und Auslandes gefragt, wo seit Beginn dieses Jahrhunderts die Miniaturfiguren als erzgebirgische Spezialität gelten.

Trotz gewerblicher Produktionsweise und Serienfertigung hat das erzgebirgische Spielzeug seinen volkskünstlerischen Charakter bewahrt. Seine liebevolle Ausführung kündet von der persönlichen Verbundenheit der Hersteller mit ihren Erzeugnissen. Das einfallsreiche bildnerische Schaffen der Spielzeugmacher brachte auch die verschiedensten Formen an gedrechselten Pyramidenfiguren, lichttragenden Bergmännern und Engeln, Nußknackern und Räuchermännern hervor. Gerade diese Figuren haben für die Ausgestaltung des Weihnachtsfestes im Erzgebirge seit jeher eine besondere Bedeutung gehabt. Inzwischen sind die typisch erzgebirgischen Weihnachtsfiguren weltweit bekannt geworden.

Die Volkskunst der erzgebirgischen Bergleute war also von Bestand. Sie hat selbst den bis auf wenige Reste erloschenen Bergbau Sachsens überdauert, dessen Tradition in ihr fortlebt. Und sie hat das Erzgebirge als Weihnachts- und Spielzeugland rund um die Erde berühmt gemacht.

Volkmar Hambeck

Die erzgebirgischen Spielzeugdörfer und ihre Weihnachtsfiguren

Im Erzgebirge gibt es tatsächlich ein Dorf, das den Namen Seiffen trägt. Wer dabei gleich ans Händewaschen denkt, hat nicht einmal so unrecht. Das Dorf wird 1324 erstmals urkundlich als »cynsifen« erwähnt, was soviel wie »Zinnwäsche« bedeutet. Das heutige Spielzeugdorf ist also ursprünglich ein Bergbaudorf, denn von den kargen Erträgen der Landwirtschaft kann man auch heute kaum leben. Die harten, schneereichen Winter trugen der Seiffener Gegend den Spitznamen »Sächsisches Sibirien« ein. Winterweizen und Gerste werden oberhalb von 600 m ü. M. nicht mehr angebaut, die Obstbäume bringen keinen rechten Ertrag mehr, und so bleiben nur der Roggen, der Hafer und die Kartoffel als magere Grundlage für die Landwirtschaft. So war man von jeher auf zusätzlichen Verdienst angewiesen, den man im Bergbau fand und der um 1750 durch das Gewerbe der Holzdrechsler langsam abgelöst wurde.

Diese drechselten ursprünglich hölzerne Nadelbüchsen und Knöpfe zu den Bergmannsuniformen, aber auch allerlei Alltags- und Gebrauchsgegenstände wie Quirle, Küchengefäße, Spindeln und vielleicht auch schon einmal eine einfache Holzpuppe. Bereits vor 1800 stellte man auch einfaches und rohes Holzspielzeug her, welches sehr bald für das Erzgebirge typisch wurde und als »Seiffener Ware« in die Welt ging. Um 1804 konnte K. August Engelhardt in »Merkels Erdbeschreibung« feststellen: »Der beträchtliche Erwerbszweig aber hiesiger Gegend, beson-

ders in Seiffen, Heidelberg, Einsiedel, Niederseiffenbach und Deutschneudorf, ist die Holzwarenmanufaktur, welche 2000 bis 3000 Menschen unmittelbar ernährt... Allein seit 50 Jahren ist die Mannigfaltigkeit und Schönheit der Waren, damit aber auch der Absatz unglaublich gestiegen. Man fertigt jetzt außer zahllosen Arten von Figuren, Kästchen und Büchschen... besonders die jetzt so beliebten kleinen Häuser, Paläste, Kirchen, Bäume, Mauern, Zelter, Bauhölzer etc., aus welchen Kinder nach Gefallen ganze Städte, Festungen, Klöster, Gärten, Ställe, Schuppen etc. zusammensetzen können.«

Die Spielzeugdörfer

Das Drechslerhandwerk verbreitete sich relativ schnell in die Nachbarorte, die zum Teil von böhmischen Einwanderern besiedelt wurden. So entstanden zwischen 1617 und 1666 Deutscheinsiedel, Deutschneudorf, Heidelberg und Ober- und Niederseiffenbach. Bereits 1668 werden in Niederseiffenbach »Schachtelmacher« namhaft gemacht. Dieser

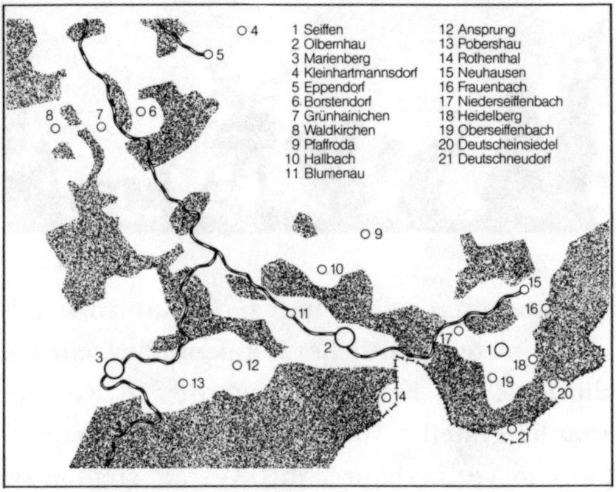

Umstand deutet ebenfalls darauf hin, daß diese für die Seiffener »Füll- und Schachtelware« charakteristische Verpackung schon damals diesem Zwecke gedient haben dürfte. In Deutschneudorf faßte die Papiermaché-Fabrikation Fuß, in Blumenau produzierten Carl Fritzsche, Ernst Reuther, Gotthard Drechsel und die Firma Louis Engel Baukästen und Legespiele in hervorragender Qualität. Schachbrettfiguren kamen aus Borstendorf, Baukästen mit Glanzbildwürfeln aus dem böhmischen Gebiet, und in Eppendorf,

Kleinhartmannsdorf und Grünhainichen bildeten sich eigentliche Puppenmöbelzentren, die beliebten Kegelspiele wurden in Rothenthal hergestellt. Aus all diesen Gebieten bezogen die Verlagshäuser ihre Waren, stellten sie zusammen und belieferten den Markt.

Am Beispiel einer Arche Noah läßt sich leicht zeigen, was an Zusammenarbeit nötig wurde, bis dieses Spielzeug ausgeliefert werden konnte: Der Verleger in Olbernhau bestellte beim Archenmaler in Hallbach eine gewisse Anzahl von Archehäusern. Der Maler leitete diesen Auftrag an den Weißbauer weiter, der seinerseits seinen Holzbedarf bei der Sägemühle in Pfaffroda anmeldete. Die zugesägten Brettchen wurden dann vom Weißbauer zusammengeleimt und -genagelt und zur Weiterverarbeitung dem Maler übergeben, der sich je nach Dekor in der Zwischenzeit mit farbig bedruckten Papieren, Farben, Lack oder zuweilen gar mit gefärbtem Stroh für Strohintarsien eingedeckt hatte. Die fertigen Archehäuser wurden von Botenfrauen nach Olbernhau getragen. Der Verleger rüstete die Archen mit den Figuren aus, die er vom Männchenmacher in größeren Mengen auf Lager bezog und ergänzte sie je nach Verkaufspreis mit mehr oder weniger Tieren, die zudem von bester, mittlerer oder gar minderer Qualität sein konnten. So wurden auch Städte und Dörfer, Schäfereien und Menagerien mit Bäumchen, Menschen, Zäunen und anderer Füll- und Schachtelware auf Holzwolle gebettet, in Spanschachteln sortiert und in den Handel gebracht.

Die Spielzeugmotive

Wer die »verkleinerte Welt der Spielwaren« verstehen will, muß sich mit der großen Welt Seiffens beschäftigen. Mitten im Einflußbereich bedeutender Städte wie Dresden, Prag, Leipzig ahmten die Seiffener anno 1779 mit dem Bau ihrer unverwechselbaren Rundkirche die Dresdener Frauenkirche nach. Zu Tausenden ist dieses Wahrzeichen als Spielzeug in die weite Welt verschickt worden, meistens mit Häuschen, Tännchen und einer Kurrende ergänzt. Die Kurrende ist ein kirchlicher Knabenchor; in diesen wurden ursprünglich Kinder bedürftiger Familien aufgenommen, die so zum bescheidenen Einkommen beitragen konnten. Wenn auch schon lange kein Bergmann mehr in Seiffen lebt, gehören doch Bergparaden zum Motivschatz.

Die Produktion großer Mengen an Tieren führte zu verschiedenen Zusammenstellungen. So wurden die Haustiere in einer Meierei zusammengefaßt, die Schäferei wurde mit Herdentieren gebildet, die Menagerie umfaßte hauptsächlich wilde Tiere, und die Jagdtiere wurden zusammen mit Hundemeute und eleganten Jägern in barocker Kleidung in Jagden zusammengefaßt.

Aus dem Leben gegriffen sind die wenige Zentimeter großen Dorfszenen und Jahrmarktdarstellungen mit Glücksrad, Eisverkäufer, Litfaßsäule, Kurparkorchester und

Rundkirche in Seiffen mit Kurrende.

einer bunten Vielfalt an Fahrzeugen, Marktbuden und Figürchen. Immer kommt der Wille zum Ausdruck, auch bei den kleinsten Miniaturen bis zur kleinsten Einzelheit ein getreues Abbild des großen Vorbildes zu schaffen. So ließ sich Walter Werner 1982 durch den Faksimiledruck »Die historische Bergparade anläßlich des Saturnusfestes im Jahre 1719« zur Gestaltung zweier Figurengruppen von Bergleuten anregen. (Dieser Bergaufzug fand anläßlich der Vermählung des sächsischen Kurprinzen mit der Erzherzogin Maria Josepha von Österreich im Plauenschen Grund bei Dresden statt; mit ihm wollte August der Starke die Wirtschaftskraft Sachsens unterstreichen).

Engel und Bergmann

So wie das Zechenglöcklein vom ordentlichen Gang in der Grube kündete, so waren der Lichterengel und der Lichterbergmann am Fenster ein Zeichen für den von der Schicht heimkehrenden Vater. Bis heute hat sich der Brauch erhalten, der verlangt, daß man in den Weihnachtstagen zwischen dem 30. November und dem 6. Januar für jedes Mädchen einen Engel und für jeden Knaben einen Bergmann als abendliche Beleuchtung ans Fenster stellt. So kann man den Kinderreichtum der Familien von

den Fenstern ablesen. Der Engel in seinem weißen Gewand stellt die Reinheit und Unschuld dar. Die grüne Schürze ist sehr charakteristisch und steht für das Symbol des Dienens. Oft wurde der in alter Dockenform gedrehte Körper mit Blumengirlanden verziert. Geprägte Goldborten wurden wie Spitzensäume aufgeklebt, und die Flügel wurden mit je drei Goldsternen oder Goldplättchen geschmückt. Als Zeichen seiner himmlischen Herkunft trägt der Lichterengel eine Krone. Obwohl Engel und Bergmann als Paar nicht mehr zu trennen sind, ist der Bergmann viel jünger. Als Grundform verwendete man auch die Dockenform, wobei man aber darauf achtete, die Taille nicht so stark einzuschneiden. Auch der Bergmann war in seiner unterirdischen Werkstatt auf das Licht angewiesen. Es ist darum verständlich, daß diese Figur als Lichterträger ausgelesen wurde. Zum schwarzen Grubenkittel, der auf der Brustmitte geknöpft wird, trägt er eine weiße Hose, wie man das an Bergparaden noch heute sehen kann,

und den typischen Schachthut des Bergmanns, der seit jeher mit goldfarbenen Schlägel und Eisen verziert ist.

Weihnachtspyramiden

Wer erstmals auf die Idee kam, mittels Kerzenwärme ein Flügelrad und damit eine ganze kleine Welt in Bewegung zu setzen, weiß man nicht. Man vermutet, es seien Bergleute irgendwo im Erzgebirge gewesen. Die ältesten noch vorhandenen Exemplare datieren um 1830. Allerdings handelt es sich weitgehend um Einzelstücke, denn erst am Anfang des 20. Jahrhunderts stellte die Firma C. L. Fleming in Globenstein Pyramiden in Serie her. Als typisches Beispiel gewerblicher Produktion werden »die weißlackierten Pyramiden Seiffener Produktion genannt«. Günter Flath, der Hersteller der weißen Pyramide, hatte schon als Kind den Wunsch, auch einmal eine schöne Pyramide zu machen wie diejenige seines Vaters. Und so hat er sich an verschiedenen Vorbildern orientiert, um letztlich etwas Gleiches und doch ganz Neues zu schaffen.

Gerade bei älteren Pyramiden ist die Figurenbestückung interessant. Auf dem untersten Teller, mit Waldtieren und Jagdszenen beginnend, folgen auf den nächsten Etagen die Weihnachtskrippe mit der Geburtsszene, dann ein Teller mit Hirten oder Bergleuten, und zuoberst waren posaunenblasende Engel, die Soldaten des Herodes oder vielleicht aus Verlegenheit nur einige Hühner. Es gab aber immer auch unweihnachtliche Pyramiden, die das Leben im Bergwerk zeigen wollten. Diese Göpelwerk- und Bergparadepyramiden werden bis heute in Serien hergestellt. Dabei verrät Walter Werners Pyramide, daß der Hersteller etwas von Zimmermannsarbeit versteht. Bei der Wahl seiner Motive wirkte die Bergbau- und Hüttenkunde Agricolas anregend, was aus den Gegenüberstellungen hervorgeht.

Während des Zweiten Weltkrieges gingen jede Weihnacht neue Serien von zerlegbaren Stabpyramiden an die Front. Diese von Max Schanz entworfene und später mit verschiedenen Figuren von Elfriede Jahreiss bestückte Pyramide ist noch heute im Handel.

Räuchermännchen

Die Geschichte der Räucherkerzchen ist älter als die der Räuchermännchen. Schon im Altertum wurden vorwiegend zu kultischen Zwecken Kräuter, Harze und Hölzer verschwelt. Neben dem wohlriechenden Geruch war sicher auch der Wunsch, böse Geister zu vertreiben und gute ins Haus zu locken. »Zu einem rechten Weihnachten gehört noch immer im Haus der Duft der Räucherkerzchen« heißt es im Deutschen Spielzeugbuch. Bereits um 1800 wird im Bestelmeier-Magazin unter der Nummer 708 ein rauchender Husar dargestellt und wie folgt beschrieben: »Ein Tabaksschmaucher auf einem Käst-

chen. Wenn man in das Kästchen ein brennendes Rauchkerzchen stellet, so geht zum Munde der Figur der Rauch heraus, und es sieht natürlich als ob sie Tabak rauche.« Nachdem die Gewohnheit des Rauchens aufgekommen war, wurden in der Gegend von Sonneberg in Manufakturen zwischen 1820 und 1830 Räuchermännchen aus Papiermaché charakteristisch. Die ersten Räuchermännchen tauchen im Erzgebirge erst um 1850 herum auf. So sind im Olbernhauer Musterbuch »Schornsteinfeger und Slawonier« abgebildet. Ihre Schöpfer sollen zum größten Teil in Heidelberg bei Seiffen gewohnt haben. Beliebte Motive sind Türken und Rastelbinder, die letzteren werden im Duden als Siebmacher und Kesselflicker bezeichnet. Diese Pfannenflicker, meist sollen es Slowaken gewesen sein, zogen noch um 1900 durch die Gegend und hätten in gebrochenem Deutsch den Spruch gerufen: »Mausifalli, Ratzifalli, alles was se haben wollen, Pfännle, Töpfle, Näpf und Tiegel, Stür-

zen, Löffel, Kleiderbügel, einzustricken Form und Faß. Gute Madam' kauf se was.« Ein anderes altes Motiv stellt die Kloßfrau dar. Da steigt der Rauch dampfend aus einer prächtig mit Klößen gefüllten Schüssel.

Die Räucherkerzchen werden heute noch nach einem gut gehüteten Rezept hergestellt. Den Hauptanteil liefert die Firma Knox im Mohron-Grund bei Dresden. Die Kerzchen sind in verschiedenen Farben und Duftnoten erhältlich: India, Weihrauch, Lavendelblüte, Sandelholz, Myrrhe und noch elf andere Sorten aus vietnamesischen, afrikanischen oder kleinasiatischen Harzen. Man vermischt Holzmehl oder Holzkohle mit den erwähnten Duftträgern und parfümiert sie noch mit Moschus, Ambra, Gewürznelken, Benzoe Sumatra und Tabac de Tonco.

Weihnachtsberge und Nußknacker

Es gibt ganz kleine Weihnachtsberge, aber auch große Gemeinschaftsarbeiten. Die einen erzählen vom Bergbau, die andern von der Weihnachtsgeschichte, und die dritten stellen den Erzgebirgswinter mit Rodlern, Skiläufern und sogar mit Schanzenspringern dar. Der eine Weihnachtsberg wird durch ein raffiniert ausgeklügeltes System an Zahnrädern, Ketten, Gestängen etc. angetrieben, der andere begnügt sich mit einer beschaulichen Winterlandschaft und beleuchteten Häuschen. Den typischen Weihnachtsberg sucht man aber vergebens. Immer sind es Einzelstücke, deren Erbauer mit viel Liebe und Phantasie zu Werke gingen. Ein prächtiges Beispiel steht in Brünlos. Schon am Dorfeingang wird man durch vergoldete Holzsterne, wie einst die Weisen aus dem Morgenland, in die richtige Gegend gewiesen. Friedrich Nötzel dreht an einer Kurbel die Gewichte hoch, und anschließend läuft während einer guten Viertelstunde die Weihnachtsgeschichte ab. Dazu erzählt der Erbauer von den Hirten auf dem

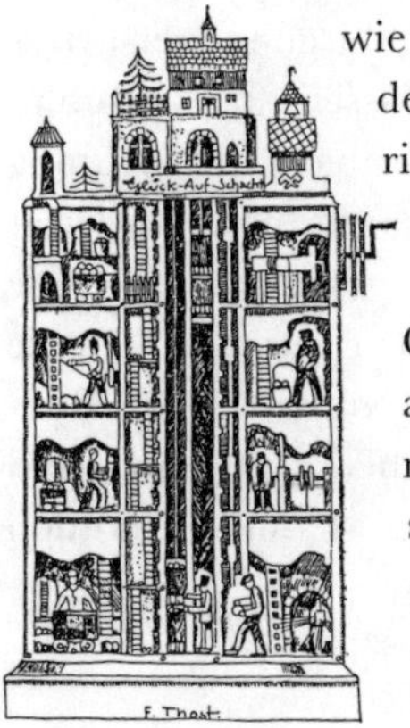

Felde, von Herodes und den Weisen, immer wieder von Liedern unterbrochen, die ebenfalls durch die Mechanik des Berges gesteuert und zum Klingen gebracht werden.

Bereits im 16. Jahrhundert werden figürliche Nußknacker erwähnt. Offenbar bestand eine gestalterische Beziehung zur den Röhner Wackelfiguren oder zu den Grödener Groteskfiguren. So war der Nußknacker von Anfang an eine Spottfigur. Im Münchner Bilderbogen Nr. 226 wird bereits um 1858 ein »Brüderpaar Nußknackius« vorgestellt, welches die noch heute übliche randlose Mütze trägt, wie sie die Bergleute im Erzgebirge immer getragen haben. Jährlich verlassen 50000 Robin-Hood-Nußknacker Olbernhau in Richtung USA. Die jährliche Gesamtproduktion liegt bei über einer Million Nußknacker. Die schönsten Stücke stammen aus der Familie Füchtner, die mit ihren Nußknackern, Räuchermännern, Glockenbergmännern und Glockenengeln eine alte Familientradition weiterpflegt.

Christoph Grauwiller

Ein Besuch in Seiffen

Wer aus dem Erzgebirge stammt, dem wird es warm ums Herz, wenn er zu Weihnachten an seine Heimat denkt. Weihnachtszeit im Erzgebirge, das heißt, Schnee, Wälder, Engel, gewundene Täler, Kälte, warm verpackte Menschen, viel Licht, fast hinter jedem Fenster; er denkt an die kleinen und auch an die haushohen, sich drehenden Weihnachtspyramiden auf den Plätzen, an die halbrunden Schwibbögen; Erzgebirge, das heißt Holzschnitzer, Drechsler, alte Bergmannsbräuche, Klöpplerinnen, handgebastelte Metten-Laternen und – natürlich – Weihnachtsstollen und »Räucher-Männel«.

So haben wir an diesen Tagen das Erzgebirge erlebt: wolkenloser Himmel am Tag, genug Schnee, um Wälder und Felder in eine graphische Schwarzweiß-Landschaft zu verwandeln und vieles, was baulich heruntergekommen ist, gnädig zu bedecken. Aber es wehte ein böser, bitterkalter, ein »böhm'scher Wind«, wie Heinz Auerbach meinte, »anerkannter Kunsthandwerker«, ein Einzelbetrieb in der dritten Generation; Einzelbetrieb, daß heißt noch die »klassische« Einheit von Wohn- und Arbeitsstätte, eine Existenz, die die SED an sich nicht so sehr schätzt. Der »Betrieb«, das ist der Holzvorrat, ist die kleine Werkstatt im Keller mit den Sägen, der Hobelmaschine und vor allem der Drechselbank; das ist aber auch die Ehefrau, die mitleimt, die malt und das Büro »unter sich« hat.

Meister Auerbach, der für seinen mit Anstrengung und Können erworbenen Titel als Kunsthandwerker einen Aufschlag von zwanzig Prozent auf seine Produkte berechnen darf, Mitglied einer »Produktionsgenossenschaft Handwerk«, ist ein heiterer, unbefangener Mann; es geht ihm gut, wenn er auch wohl nicht zu jener kleinen Zahl von »Millionären« gehören dürfte, die es (so bekommt man erzählt) unter den erzgebirgischen Volkskünstlern geben soll. Auerbach, wie auch alle anderen Betriebe, kennt keine Absatzprobleme. Er kann nicht so viel liefern, wie verlangt wird. Und um die Nußknacker, die in diesen Tagen von den beiden Auerbachs zusammengeleimt werden, wird man sich im nächsten Jahr reißen, in der DDR, in der Bundesrepublik, ja auch in Amerika und Kanada.

Das Erzgebirge, wie auch das westlicher gelegene Vogtland mit seinen Instrumentenbauern, erlaubt vielen, eine höchst individuelle Existenz zu bewahren, auch wenn die Kleinbetriebe selbstverständlich in die Planwirtschaft des »real existierenden Sozialismus« eingebaut sind. Die alten Bräuche im Erzgebirge werden, von der SED gefördert, hochgehalten. Zentren sind Seiffen, ein Kurort, und Olbernhau, von Karl-Marx-Stadt (früher Chemnitz) in gut einer Stunde Autofahrt zu erreichen.

Helmut Rohstock, Finanzwirtschaftler und Erster Stellvertreter des Direktors des »VEB

Rundkirche in Seiffen.

Kombinat Erzgebirgische Volkskunst« Olbernhau, betreut 28 Betriebe; darunter sind Kleinbetriebe mit nur zehn Beschäftigten und größere mit 500 Mitarbeitern, dazu vierhundert Heimarbeiter, eine Existenzform, die in den DDR-Mittelgebirgen noch verbreitet ist. Seinen Umsatz beziffert er, etwas zurückhaltend gegenüber dem Besucher, auf 100 Millionen Mark, wovon etwa die Hälfte auf das »NSW«, auf das nichtsozialistische Wirtschaftsgebiet, kürzer gesagt auf den Westen entfällt.

In anderen Betrieben wird der Anteil des Westexports erheblich höher geschätzt. Zugegeben wird, daß der »BV«, der Bevölkerungsbedarf der DDR, nicht ausreichend gedeckt werden kann: die Erklärung, daß zu viele Bürger in der DDR die Produkte des Erzgebirges, die bekannten Nußknacker beispielsweise, sammeln und daher nie genug übrigbleibt, kann die Knappheit wohl nicht ganz erklären: auch für diesen Wirtschaftszweig der DDR gilt, daß so viel exportiert werden muß, wie nur irgend möglich. So mancher Erzgebirger würde seine Faust in der Tasche ballen, wenn er sähe, in welchen Mengen und zu welchen Traumpreisen seine Produkte in den West-Berliner Kaufhäusern verkauft werden – ähnlich wie bei den Musikinstrumenten.

Die Betriebe achten auf Tradition, und man braucht einen erfahrenen Blick, um die Handschrift des einzelnen Meisters zu erkennen. In den Nußknacker-Figuren hat sich seit eh und je die politische Macht verkörpert, das heißt in der Figur des Königs, des Polizisten, des Soldaten oder des Försters. Bei den Räuchermännern, denen die Düfte der Räucherkerzchen von Crottendorf (oder aus dem Mohron-Grund) aus den stets offenen Mündern qualmen, gibt es harmlosere Typen, den Bauern, den Schnitzer, den Nachtwächter, den Wichtel, aber auch den Wilddieb oder Vogelfänger. Folkloristische Wünsche, wie sie etwa aus Bayern kommen oder aus Amerika – ein Räuchermann als Cowboy –, werden erfüllt, auch wenn sie als kitschige Abweichung empfunden werden. Amerika ist im Begriff, ein Markt für das erzgebirgische Kunsthandwerk zu werden.

Im Erzgebirge arbeiten daneben Zweitbetriebe des thüringischen »Kombinats Spielwa-

ren Sonneberg«; dieses zählt 27000 Beschäftigte in 25 Betrieben; 90 Prozent allen Holzspielzeugs aus der DDR stammen aus Thüringen und aus dem Erzgebirge. »Die Kapazität reicht nicht aus«, sagt Betriebsdirektor Rudolf Schiefner; zwei Drittel werden ausschließlich in den Westen geliefert. Es fehlt vor allem an Arbeitskraft, denn 70 Prozent aller dreitausend verschiedenen Artikel sind Handarbeit; ein Nußknacker zum Beispiel besteht aus 30 handgedrechselten Einzelteilen. Der Rationalisierung sind somit klare Grenzen gesetzt; sie verlaufen dort, wo der Charakter des erzgebirgischen Produkts verfälscht würde. Auch diesen Betrieben, die in den alten, verwinkelten, engen Produktionsstätten produzieren müssen, verlangt die Planwirtschaft im nächsten Jahr wesentlich höhere Leistungen ab – aber die Chefs sehen der Entwicklung höchst gelassen entgegen, denn auch die Erzgebirger haben längst gelernt, sich in und mit der Planwirtschaft zu arrangieren.

In Seiffen ist der Besuch des zu Recht berühmten, im Jahre 1953 gegründeten Spielzeug-Museums sozusagen Pflicht. Es ist aus einer Spielzeug-Werbeschau entstanden. Dargestellt ist die jahrhundertealte Geschichte der erzgebirgischen Spielwarenindustrie als ein Stück Wirtschaftsgeschichte, Kulturgeschichte, als ein Stück Sozialgeschichte, in sozialistischer Sicht auch als ein Stück Klassenkampf.

Der Ort Seiffen mit seinen 3500 Einwohnern muß jedes Jahr 250000 Besucher verkraften, an jedem Adventswochenende alleine 5000 bis 7000 Besucher, die die alljährlich

neue Weihnachtsausstellung des Museums besichtigen; im Sommer ist in einem Freilichtmuseum die Sozialgeschichte dieser Region noch genauer dargestellt. Nicht weit davon entfernt ist in einer Schauwerkstatt der örtlichen Produktionsgenossenschaft mit ihren 75 Mitgliedern die in der Welt einzigartige Technik des »Reifendrehens« zu beobachten: Aus einer dicken, nassen Scheibe Fichtenholz werden auf der Drechselbank zunächst nicht erkennbare Holzprofile herausgedreht, die, wenn sie, ähnlich wie ein Kuchen, in kleine Scheiben aufgeschnitten, sich dann in Kühe, Elefanten oder Giraffen »verwandeln«. 1958 gab es nur noch sieben uralte Reifendreher, inzwischen ist das Reifendrehen, wie übrigens auch das Klöppeln, wieder ein Lehrberuf geworden.

So hat diese südliche Region der DDR ihre Eigenart bewahrt; hat eine Fülle von »Nischen-Existenzen« erlaubt. »Halt, Staatsgrenze, passieren verboten«, liest man am Straßenrand, wo die Grenze zur Tschechoslowakei durch einen Sprung über das Grenzbächlein überwunden werden könnte. Der

Mensch, die Landschaft und seine Produkte präsentieren sich als Einheit, wenngleich jede Assoziation mit einer »heilen Welt« fehl am Platze wäre; auch im Erzgebirge ist das Leben im Sozialismus höchst mühsam. Die Luft ist zwar nicht mehr so gut, wie sie einstens war, aber die Wälder sind nicht ganz so krank wie weiter östlich, etwa im Riesengebirge oder auf den Kämmen des Gebirges. Doch die Menschen sprechen längst mit Sorge vom Waldsterben – nicht nur, weil mit den Wäldern auch ein Stück Ökonomie, die Volkskunst und Kulturgeschichte verbunden sind. *(1983)*

Hans Herbert Götz

Dresdner Christstollen

»Schmorl« oder »Kreutzkamm« oder »Hülfert«, vielleicht auch ein anderer Name stand als Absender auf den Kisten und Paketen, die in der Vorweihnachtszeit Dresdens Konditoreien verließen, um hinaus in alle Welt zu wandern. Sie enthielten, einfach oder tropenfest verpackt, den berühmten Dresdner Christstollen. Geht man heute durch die westdeutschen Geschäfte, findet man auch hier ein reichhaltiges Angebot von Stollen aller Art, und durch die Cellophanhülle schimmert der Zuckerstaub verführerisch. Verrät dann der Aufdruck oder sagt ein Schild, daß »Original nach altem Dresdner Rezept« gebacken sei, drückt sich der Qualitätsbegriff im Preis aus, und die Enttäuschung ist groß, wenn sich der Einkauf als simpler Rosinenklöben entpuppt.

Zu viele Nachahmer haben den guten Ruf verdorben.

Hin und wieder begegnen wir im Schaufenster Packungen mit den aus Dresden vertrauten Firmenbezeichnungen. München oder Frankfurt sind als Herkunftsorte zu lesen. Aber richtige Freude stellt sich nicht ein. Kann ein wirklicher Christstollen woanders als in Sachsen, in Dresden, »komponiert« werden? Haben die Erwerber überhaupt noch eine Ahnung, wie echter Christstollen schmeckt? In Familien, die aus Sachsen stammen, wissen es die Älteren, aber nur wenige Hausfrauen finden Gelegenheit, einen nach der Überlieferung zubereiteten Stollenteig zum Bäcker zu tragen.

Daheim in Sachsen ist es wesentlich besser. Dort wird die weihnachtliche Backkunst noch gepflegt, den schwierigen Verhältnissen zum Trotz. Mandeln und Rosinen sind jetzt im Angebot, teurer zwar, doch immerhin! Und zahlreiche Wunschzettel sind schon vorher in die Bundesrepublik gereist, damit die Geschenkpäckchen vor Weihnachten die unentbehrlichen Zutaten enthalten, die in

einen richtigen Christstollen gehören. Ein Sachse hungert lieber, als auf »seinen« Stollen zu verzichten.

Wie war das doch in unserer Jugend? Geheimnisvoll duftend lag er am Heiligabend auf der Kaffeetafel, an der sich die Familie nach der Bescherung versammelte, feierlich gestimmt, denn der Stollenanschnitt war eine ernste Angelegenheit! Mutters Werk hatte seine Premiere und mußte nach altem Brauch sorgfältig geprüft werden. Und wie stolz konnte Mutter lächeln, wenn sich nach dem ersten Bissen die Mienen verklärten! Als höchstes Lob empfand sie, daß wieder einmal einhellig festgestellt wurde, unser Familienrezept sei das beste weit und breit. Daran gab es nichts zu deuteln, sooft wir auch in den nächsten Tagen bei den Verwandten und Nachbarn probierten. Der eigene Stollen war nicht zu überbieten. Eine waschechte Sächsin wäre nie auf den Gedanken gekommen, ihren Stollen im Laden zu kaufen. Sie hatte genug davon in Verwahrung, um allen Ansprüchen gerecht zu werden. Feucht gelagert, bewahrte der Stollen seine Frische. Am besten schmeckte zu Ostern der letzte Sechspfünder, gut durchgezogen und aromatisch.

Das Stollenessen wurde in Sachsen kultiviert, nicht nur in Dresden, sondern im Erzgebirge ebenso wie im Niederland oder in der Oberlausitz. Weshalb sich nun mit Dresden der Begriff des »originalen« Christstollen verband? Sicherlich waren die Dresdner Bäcker und Konditoren geschäftstüchtiger gewesen und hatten als Residenzstädter rechtzeitig erkannt, was den feinen Leuten außerhalb frommte. Man sagt auch, der kurfürstliche, später königliche Hof habe schon vor ein paar hundert Jahren Stollen als Weihnachtspräsente verschickt und damit dem örtlichen Bäckerhandwerk zu nützlicher Werbung verholfen.

Vor längerer Zeit verfaßte die Dresdnerin

Lenelies Pause eine entzückende Monographie über das »königliche Kindlein«, das geliebte Stollenwickelkind, das dem kulinarischen Ansehen unserer Heimat so vorzüglich gedient hat. Als Symbol für das in Windeln gehüllte Christkind, straff eingezwängt in weißes Linnen, ist es uralt, wohl schon aus heidnischer Zeit übernommen als Zeichen der vom Winter erstarrten, aber innen lebenskräftigen Natur. Daran dachte man kaum noch, wenn in Dresden früher, der Sitte gemäß, acht Meister und acht Gesellen der Bäckerinnung am zweiten Weihnachtstag zum Schloß zogen, um dem König zwei gewaltige Stollen, jeder anderthalb Meter lang und sechsunddreißig Pfund schwer, zu überbringen.

Zu Weihnachten 1913 wurde der Brauch das letzte Mal geübt. Der Krieg und das Ende der Monarchie löschten ihn aus. Schade, denn er ging auf eine ehrwürdige Tradition zurück, die sich bis ins Jahr 1329 zurück nachweisen läßt. Damals schon mußten die Naumburger Bäcker ihrem Bischof Heinrich als Weihnachtszins zwei lange Weizenstollen entrichten. Das Wort Stollen, das vom althochdeut-

Erinnerung an den Striezelmarkt,
gezeichnet von Ludwig Richter.

schen stollo – Pfosten, Stütze herrührt, fand hier seine früheste Bestätigung für das liebenswerte Backwerk. Von den Naumburgern kam die Abgabepflicht an den Landesherren auf die Bäcker der sächsischen Hauptstadt, die ja eigentlich gar keine Stollen kannten, sondern dazu Striezel sagten. Der Striezelmarkt zu Weihnachten ist in Dresden heimisch geblieben, die Striezel selbst aber mußten sich der allgemein verständlicheren Benennung als Christstollen anpassen.

Diese Stollen haben so manche Spur im Buche der Geschichte hinterlassen. Der kursächsische Hof mußte sogar den Papst bemühen, um in der zweiten Hälfte des 15. Jahrhunderts, während Kurfürst Ernst und Herzog Albrecht gemeinsam regierten, ihren Untertanen die rechte Magenschwere des Backwerks zu sichern. Denn die adventliche Fastenzeit verbot die Verwendung von Butter und erlaubte damals nur Öl, weshalb der Stollenteig mehr Gestank denn Wohlgeruch verbreitete. Der Papst hatte ein Einsehen und gab, weil das sächsische Rüböl mit dem Olivenöl südlicher Zonen nicht vergleichbar sei und die Gesundheit beeinträchtigte, den Butterverbrauch in den Fastenwochen frei. Da jubilierten die Hausfrauen und buken Stollen, daß den Männern das Wasser im Munde zusammenlief, wenn sie nur daran dachten. So erging es dem Kurfürsten Moritz, als er 1542 für den Kaiser gegen die Ungarn zu Felde gezogen war. Seiner jungen Gemahlin Agnes von Hessen schrieb er: »Ich will diesen Winter bei Dir verbleiben, wir wolln miteinander birn bratten, stolln essen und mit Gottes Hülffe ein gutes Müthlein haben.« Der Stollen gehörte zur Festtagsstimmung. Sein berühmter Bruder, der Kaffee, kam viel später hinzu, öffnete doch die erste Dresdner Coffeestube erst 1670 ihre Pforten, und bis das gemeine Volk sich den Luxus der teuren Bohnen leisten konnte, verging weitere Zeit.

Auch von Ärgernissen um den Stollen wird berichtet. Lange währte der Bäckerkrieg, den die tüchtigen Meister des kleinen Städtchens Siebenlehn bei Nossen entfachten. Ihre Erzeugnisse erwarben sich hohen Ruf, so daß die Fuhrleute sie wagenladungsweise in die umliegenden Orte schaffen mußten. Das empörte die Meißner Bäckerinnung, und sie forderte 1615, den Siebenlehner Stollen die Stadttore zu schließen. Der Streit ging im Dreißigjährigen Krieg unter, doch kaum war er zu Ende, legten sich die Siebenlehner mit den Dresdner Bäckern an. Offenbar hatten ihre Künste unter den Notzeiten nicht gelitten. Schlimm genug war gewesen, daß der Feind dem Volk alles genommen hatte und weder Fett noch Rosinen für den Stollen blieben. Nun wagten die Bäcker von Siebenlehn anno 1663 gar, ihre Striezel in der Hauptstadt feilzubieten, wogegen die ansässigen Meister beim Kurfürsten heftig protestierten. Mit dem Erfolg, daß die lästige Konkurrenz beim Weihnachtsmarkt ausscheiden mußte.

Im häuslichen Bereich scheint die Qualität der Stollen um 1700 recht unterschiedlich gewesen zu sein. Während sie der Pfarrer Winter zu Wolkenstein im Erzgebirge als »jenes trockene Gebäck, mit ein paar einsamen Rosinen darin, freundlichen Oasen gleich«, schilderte, regte sich sein Amtsbruder Adami in Dippoldiswalde darüber auf, das Gesinde werde mit »Christbürden« aus Stollen und anderen Leckereien verwöhnt. Immerhin galt der Stollen schon als Ingredienz familiären Weihnachtserlebens. Diese mußte kein geringerer als der Leipziger Student Gotthold Ephraim Lessing büßen, der gewagt hatte, das mütterliche Stollenpaket mit den Komödianten der Neuberschen Theatertruppe zu teilen. Als Vater Lessing, dem gestrengen Kamenzer Primarius, die Sünde zu Ohren kam, verlangte er von dem mißratenen Sohn sofortige Rückkehr, damit er sich verantworte.

Verlassen wir die Historie und kehren wir zu unserem Dresdner Christstollen zurück. Seine Herstellung war eine Zeremonie, bei der sich keine Hausfrau gern in die Karten schauen ließ. Die Grundzutaten hatten noch

nichts Geheimnisvolles an sich, denn es war Geschmackssache, wieviel Butter mit dem Weizenmehl vermengt wurde und welche Menge Rosinen und Mandeln, süße und bittere, dazukam. Die Feinheiten machten die Musik, daß nämlich die Rosinen vorher in Arrak getränkt werden mußten, der kräftige Schuß Jamaikarum, die Qualität der Sahne und dann die Gewürze! Vom Zitronat, von Orangenschalen und ähnlichen Selbstverständlichkeiten reden wir nicht. Aber die Spezialitäten, von denen eine kleine Prise genügte, gaben dem Privatrezept die eigene Note. Das Kneten und Walken des Teiges überließ man dann lieber den Männern.

Ehe er in der klassischen Dresdner Form im Backofen verschwand, hatte der Stollen viele Stationen durchzumachen. Die letzte Prozedur, damit das zuckerbestäubte Äußere richtig zur Geltung kam, wurde nur noch ein Kinderspiel. Die Routine der sächsischen Hausfrau überwand alle Schwierigkeiten. Mochte auch der Geldbeutel schmal sein, beim Stollen wurde nicht gespart. Die Schande, daß die Festbesucher sagen könnten, der Stollen habe

»geschrien«, hätte keine Sächsin überlebt. Für die Unwissenden sei erklärt: Wenn ein Stollen schreit, sind die Rosinen so weit voneinander entfernt, daß sie sich nur durch lautes Zurufen verständigen können. Das Gegenstück ist der Flüsterstollen.

Wer nicht in der Wohnung backen wollte, ging mit dem Teig zum Hausbäcker. In der Vorweihnachtszeit waren die Backstuben in Dresden voll von Hausfrauen, die ihr Schwätzchen hielten und nebenbei ängstlich darüber wachten, daß der Meister und seine Gesellen tüchtig kneteten und daß die Nachbarin keine Werkspionage trieb. Es hatte schon etwas Gemütliches an sich, dieses Stollenbacken. Altes Brauchtum war mit ihm verwoben. Zankereien durfte es während der ganzen Zeit nicht geben, sonst mißriet das Backwerk. Und als besonders wirksam empfahl sich, die Stollen vor ihrem Weg in die Röhre zu streicheln. Auch ein kleines frommes Sprüchlein, beim Teigmischen gemurmelt, soll sich bewährt haben. *(1963)*

Karl Lotze

Planitzer Ananas

Immer wieder war in den letzten Jahren vor der Wende im Erzgebirge zu hören, die Versorgung mit Südfrüchten lasse nach wie vor zu wünschen übrig, was besonders in der Adventszeit und an Weihnachten beklagt wurde. Dabei habe man doch in der guten alten

Zeit, so bekam der verblüffte Besucher zu hören, selber Ananas und Bananen, Apfelsinen und Zitronen angebaut. Ananas und Bananen im Erzgebirge? Nun ja, hieß es auf diese Frage, nicht mitten im Erzgebirge natürlich, wohl aber an seinen nördlichen Ausläufern bei Zwickau, am Hammerwald zwischen

dem Planitzer Schloß und der Cainsdorfer Königin-Marienhütte nämlich, dem größten Eisenwerk Sachsens an der Zwickauer Mulde.

Die Geschichte dient zwar dazu, die aktuellen Schwierigkeiten zu ironisieren, den gehobenen Bedarf der Erzgebirger zu decken. Aber es handelt sich immerhin um eine wahre Begebenheit: Vor anderthalb Jahrhunderten, 1837, begann der Schneeberger Erfinder und Fabrikant Dr. med. Ernst August Geitner mit der Anlage eines tropischen Gartens auf der Flur des Rittergutes Planitz, von wo der (1977 aufgegebene) Zwickauer Steinkohlenbergbau wohl seinen Ausgang genommen hatte. Auf dieser Flur war schon im Mittelalter ein Kohlenflöz unterirdisch in Brand geraten – entweder durch Selbstentzündung oder durch Blitzschlag, der Sage nach durch den Schuß auf einen Fuchs, der sich in einen Stollen flüchtete.

Ende des 16. Jahrhunderts scheint der Brand erloschen zu sein. 1641 entstand aber ein zweites Feuer, das schwedische Truppen aus Rache in einem Schacht gelegt haben sollen. Es wütete mehr als vier Jahrzehnte lang – zeitweise derart heftig, daß es wie bei Kanonenschlägen unter der Erde donnerte und krachte, das Birkengestrüpp über der Brandstätte verdorrte und aus den Stollen ungeheure Rauchsäulen emporstiegen.

Auf Planitz saßen seit 1689 die Nachkommen des sächsischen Generalleutnants Wolf Christoph von Arnim, dessen Söhne das 361 Hektar große Rittergut samt seinen Kohlengruben gegen ihre Herrschaft Pretzsch an der Elbe mit dem Kurfürsten Johann Georg III. vertauscht hatten. Schon nach den napoleonischen Kriegen ließ der damalige Rittergutsbesitzer auf dem erhitzten Boden am Hammerwald einen prächtigen Garten anlegen, in dem auch im Winter Blumen blühten. Der aus Gera stammende Geitner, durch die Nacherfindung des chinesischen Packfong in Form des auch Alpaka oder Neusilber genannten Argetans berühmt geworden und zu Wohlstand gekommen, ging einen Schritt weiter: Er kaufte (für 730 Taler) das ehemalige Vitriol- und Alaunwerk Wilhelmine bei Cainsdorf und pachtete vom Kammerherrn von Arnim das mehr oder weniger natürlich erwärmte Land nebenan.

In diesem »Dampfgarten« legte er Frühbeete an und baute Treibhäuser, um in ihnen Orchideen und Kamelien, Kaffeebäume und Teesträucher, Bambus und Zuckerrohr, Bananen und Ananas, Apfelsinen und Zitronen zu züchten. Bald war die Geitnersche »Treibgärtnerei und Baumschule Planitz« eine europäische Sehenswürdigkeit, deren Gartenfeste Besucher aus dem In- und Ausland anlockten. Als Geitners Sohn Gustav Adolf 1844 die Leitung des Unternehmens übernahm, war es schon so bekannt, daß er eine Hauszeitschrift ins Leben rufen konnte: »Geitner's Magazin für Pflanzenliebhaber und Maler«.

Daß die Planitzer Treibgärtnerei nicht nur ein botanischer Garten in privater Hand war, sondern in ihr tatsächlich Südfrüchte zu Verkaufszwecken angebaut wurden, geht aus einem Artikel der Leipziger »Illustrirten Zeitung« vom September 1849 hervor: »Die Ananaskultur dort ist auch beträchtlich, und werden die Ananas, zumal da sie sehr wohlschmeckend sind und obendrein etwas später reifen als in den meisten übrigen Gärten, weithin versendet.« (Viele der frischen Ananasfrüchte, die heutzutage in Europa erhältlich sind, werden auf den Azoren ebenfalls in Treibhäusern gezüchtet.) Später hieß es in einem Bericht: »Die Banane trug in einein-

Treibgärtnerei Geitner in Planitz.

viertel Jahren Rispen mit über zweihundert Früchten...«

Die kuriose Sehenswürdigkeit am Rande des Erzgebirges verlor schon vor dem Tode Gustav Adolf Geitners 1866 ihre Existenzgrundlage, als das unterirdische Feuer immer schwächer wurde und schließlich völlig erlosch. Eben darum hatte man sich lange Zeit und auf kostspielige Weise erfolglos bemüht; nun, nachdem endlich Vorteile aus dem Schaden gezogen werden konnten, kam der Brand von ganz allein zum Erliegen – und auch damit stiftete er wieder Unheil.

Klaus Keßler

Erzgebirgische Millionäre

Einigen Seiffener Kunsthandwerkern wurde früher nachgesagt, ihnen sei der Aufstieg in die kleine Schicht der DDR-Millionäre gelungen. Aber die mittelalterlichen Berg- und Hammerherren in Annaberg, Schneeberg und anderen Orten waren, am Geldwert gemessen, gewiß reicher als die angeblichen Ostmarkmillionäre im Erzgebirge.

Gewerbliches Vermögen läßt sich schwerer zusammenhalten als Grundbesitz, wie das Schicksal dieser Montanindustriellen beweist. So gehörten zwar vor dem Ersten Weltkrieg die Fürsten von Schönburg-Hartenstein und die Grafen zu Solms-Wildenfels mit je fünf Millionen Goldmark und die Herren von Schönberg mit mehr als neun Millionen zu den reichsten Familien des Erzgebirges. Aber von den Nachfahren der alten Berg- und Hammerherren haben nur zwei Eingang in die sächsische Millionärsliste von 1912 gefunden: der Generalleutnant Carl Müller von Berneck in Dresden und der Rittergutsbesitzer Curt von Römer auf Dittersdorf bei Zschopau.

Beide waren zudem als »einfache Millio-

näre« von bescheidenem Wohlstand im Vergleich zu anderen Bürgern des Erzgebirges: etwa den Fabrikanten Gustav Albert Lange und Wilhelm Röll in Aue mit je rund vier Millionen oder dem Spinnereibesitzer Ernst Stephan Clauß und seiner Mutter im untererzgebirgischen Plaue bei Flöha mit zusammen zwölf Millionen Goldmark. Sie alle wurden von der Familie Hauschild übertroffen, die am Rande des Gebirges, in Hohenfichte bei Augustusburg, eine große Baumwollspinnerei und ein Rittergut besaß: Mit zwanzig Millionen Goldmark war diese reichste Familie des Erzgebirges beinahe so vermögend wie der letzte König von Sachsen, der »nur« auf fünf Millionen mehr geschätzt worden ist (auf Goldbasis in heutige Währung umgerechnet betrug sein Vermögen knapp vierhundert Millionen DM!).

Noch ein Zehntel des Hauschildschen Vermögens nannte seinerzeit der Rittergutsbesitzer Gottfried von Herder auf Burg Rauenstein im Flöhatal sein eigen – ein Nachkomme des in Ostpreußen geborenen Dichters, Philosophen und Theologen Johann Gottlieb von

Herder aus Weimar, dessen Sohn königlich-sächsischer Oberberghauptmann in Freiberg gewesen ist. Den umgekehrten Weg war die aus dem thüringischen Ilmenau stammende Familie Schnorr gegangen: Sie gründete das Blaufarbenwerk Pfannenstiel, das Hammerwerk Carlsfeld und die Erzgebirgische Blechkompagnie, monopolisierte die Kaolinlieferungen an die Meißner Porzellanmanufaktur, rief die erste deutsche Betriebskrankenkasse ins Leben und wurde Ende des 17. Jahrhunderts als Schnorr von Carolsfeld geadelt. Ihr Name blieb in den Nibelungenfresken der Münchner Residenz lebendig, die Julius Schnorr von Carolsfeld in der Mitte des 19. Jahrhunderts malte. Unter den erzgebirgi-

Rundkirche in Carlsfeld.

schen Millionären in der Zeit vor dem Ersten Weltkrieg sucht man dagegen vergebens ein Mitglied der einst ebenso einflußreichen wie wohlhabenden Familie.

Immerhin wurde ihr Bergbau- und Handelsimperium älter als die Motorenwerke des dänischen Ingenieurs Jörgen Skafte Rasmussen. Er hatte seit 1923 in Zschopau unter der Marke DKW erst Motorräder, dann auch Autos hergestellt, mußte aber seine insgesamt siebzehn, vorwiegend im Erzgebirge gelegenen Fabriken (einschließlich der von ihm 1928 übernommenen Audi-Werke in Zwickau) im Jahre 1932 während der Weltwirtschaftskrise in die neu gegründete Auto Union AG einbringen, die mehrheitlich dem Freistaat Sachsen und einigen Großbanken gehörte.

Heute erinnern die alten Hammerwerke und die rußigen Fabrikgebäude, die Burgen

Hammerwerk im Erzgebirge.

und Schlösser, die Bürgerhäuser und Villen, vor allem aber die spätgotischen Kathedralen von Schneeberg und Annaberg daran, daß es im silbernen Erzgebirge einst neben viel Schatten auch einigen Glanz gab. Denn viele der reichen Familien haben ihr Geld eben nicht verpraßt, wie von ihren sozialen und ideologischen Gegnern gerne behauptet wird, sondern in ihre Betriebe investiert und in schönen Gebäuden zur Schau gestellt.

Ulrich Frank-Planitz

Quellennachweis

1. Texte – Für die Veröffentlichung folgender Beiträge sind wir den Rechteinhabern zu Dank verpflichtet:

Friedrich Karl Fromme: Das Ost-Erzgebirge, aus: Deutsche Landschaften, Herausgegeben von Nikolas Benckiser, Societäts-Verlag, Frankfurt a. M. 1972

Hans Herbert Götz: Ein Besuch in Seiffen, aus: Frankfurter Allgemeine Zeitung vom 23. Dezember 1983

Christoph Grauwiller: Die erzgebirgischen Spielzeugdörfer und ihre Weihnachtsfiguren, aus: Seiffener Kostbarkeiten, Liestal/Schweiz 1984

Stefan Heym: Die Republik Schwarzenberg, aus: Stefan Heym, Schwarzenberg, Roman, C. Bertelsmann Verlag, München 1984

Karl Lotze: Dresdner Christstollen, aus: Sächsische Heimat, 12/1963

Hermann Rudolph: Das West-Erzgebirge, aus: Deutsche Landschaften, Neue Folge, Herausgegeben von Nikolas Benckiser, Societäts-Verlag, Frankfurt a. M. 1974

Die Beiträge »Vom sächsischen Bergbau zur erzgebirgischen Volkskunst«, »Planitzer Ananas« und »Erzgebirgische Millionäre« wurden eigens für diesen Band geschrieben.

2. Illustrationen – Die Mehrzahl der Scherenschnitte konnte den Jahrgängen 1980 bis 1986 der »Erzgebirgischen Weihnachtsbüchlein« entnommen werden, wofür wir dem Erzgebirgsverein e. V. in Frankfurt am Main (früher Schneeberg) danken.

Die Illustrationen auf den Seiten 40 und 106 stammen aus dem fünften Band der »Kursächsischen Streifzüge« von Otto Eduard Schmidt, Frankfurt 1969.

ISBN 3-87203-033-7

Lektorat: Renate Jostmann
Typographische Gestaltung: Brigitte Müller
Gesamtherstellung:
Clausen & Bosse, Leck
Printed in Germany